Addition, Addition

Multiplication shows repeated addition of the same addend.

In addition, the answer is called the *sum*. The numbers that are added are called *addends*.

addends → 5 + 5 + 5 + 5 = _20_ ← sum

In multiplication, the answer is called the *product*. The numbers that are multiplied are called *factors*.

_4_ x _5_ = _20_
   ↑   ↑   ↑
  factors   product

Write each addition problem as a multiplication problem. Find each sum and product.

8 + 8 = _____

_2_ x _____ = _____

3 + 3 + 3 + 3 + 3 = _____

_____ x _____ = _____

7 + 7 + 7 + 7 = _____

_____ x _____ = _____

6 + 6 + 6 = _____

_____ x _____ = _____

Write each multiplication problem as an addition problem. Find each product and sum.

5 x 4 = _____

_____ + _____ + _____ + _____ + _____ = _____

3 x 7 = _____

_____ + _____ + _____ = _____

Why are the sum and the product the same in each problem?

© School Zone Publishing Company   Understand multiplication: Repeated addition

Multiply by 1 and 0

Any number times 1 equals that number.   Any number times 0 equals 0.

1 group of 3 = 3   3 groups of 1 = 3   3 group of 0 = 0   0 groups of 3 = 0
1 x 3 = 3   3 x 1 = 3   3 x 0 = 0   0 x 3 = 0

Count the number in each group. Multiply to find the answer.

How many groups? _____   How many groups? _____

How many in each group? _____   How many in each group? _____

_____ x _____ = _____   _____ x _____ = _____

Multiply.

6 x 1 = _____   0 x 7 = _____   3 x 0 = _____

Twos & Threes

Practice the facts.

2 x 1 = _____   3 x 1 = _____

2 x 2 = _____   3 x 2 = _____

2 x 3 = _____   3 x 3 = _____

2 x 4 = _____   3 x 4 = _____

2 x 5 = _____   3 x 5 = _____

2 x 6 = _____   3 x 6 = _____

2 x 7 = _____   3 x 7 = _____

2 x 8 = _____   3 x 8 = _____

2 x 9 = _____   3 x 9 = _____

Practice the facts.

```
  4      8      8      4
x 2    x 2    x 3    x 3
___    ___    ___    ___

  1      3      1      2
x 2    x 2    x 3    x 3
___    ___    ___    ___

  9      6      9      8
x 2    x 2    x 3    x 3
___    ___    ___    ___

  7      9      7      6
x 2    x 2    x 3    x 3
___    ___    ___    ___
```

Count by twos to check your answers.   Count by threes to check your answers.

When you multiply by 2, the product ends with a __2__, ____, __6__, ____, or __0__.

Complete the tables.

x	0	1	2	3	4	5	6	7	8	9
2										

x	0	1	2	3	4	5	6	7	8	9
3										

Explore the Fours

Use arrays to help you learn these multiplication facts.

Multiply by 4 x 6

__4__ rows of __6__

__4__ x __6__ = __24__

Write a multiplication sentence for each array.

__4__ rows of _____

_____ x _____ = _____

_____ rows of _____

_____ x _____ = _____

Practice the facts.

4 x 1 = _____

4 x 2 = _____

4 x 3 = _____

4 x 4 = _____

4 x 5 = _____

4 x 6 = _____

4 x 7 = _____

4 x 8 = _____

4 x 9 = _____

Count by fours to check your answers.

Practice the facts.

5	3	1	7	6	9	4	8
x 4	x 4	x 4	x 4	x 4	x 4	x 4	x 4

Serving Up a Riddle

Multiply.

I 1 × 4	**N** 3 × 4	**L** 7 × 4
A 5 × 4	**E** 9 × 4	**B** 4 × 4
T 6 × 4	**L** 7 × 4	**S** 2 × 4

Use your answers to decode the riddle below.
Write the letter for each answer on the correct blank.

What can you serve but never eat?

__ __ __ __ __ __ __   __ __ __ __
20 24 36 12 12 4 8   16 20 28 28

Complete the table.

×	0	1	2	3	4	5	6	7	8	9
4										

Multiply by 4

Save Your Nickels

A nickel is worth 5¢. You can skip count to find the total amount.

5¢   10¢   15¢   20¢   25¢   30¢   6 x 5¢ = __30¢__

Count the nickels. Fill in the missing numbers.

       _____ x 5¢ = _____ ¢

         _____ x 5¢ = _____ ¢

     _____ x 5¢ = _____ ¢

         _____ x 5¢ = _____ ¢

      _____ x 5¢ = _____ ¢

     _____ x 5¢ = _____ ¢

Five Alive!

Practice the facts.

5 x 1 = _____

5 x 2 = _____

5 x 3 = _____

5 x 4 = _____

5 x 5 = _____

5 x 6 = _____

5 x 7 = _____

5 x 8 = _____

5 x 9 = _____

Count by fives to check your answers.

Practice the facts.

```
  3        1        5
x 5      x 5      x 5


  8        6        2
x 5      x 5      x 5


  7        5        4
x 5      x 6      x 5


  9        5        5
x 5      x 4      x 7
```

When you multiply by 5, the product ends with a _____ or _____ .

Complete the table.

x	0	1	2	3	4	5	6	7	8	9
5										

Gopher It!

Multiply by 6.

6 x 1	6 x 2	6 x 3	6 x 4	6 x 5	6 x 6	6 x 7	6 x 8	6 x 9
6	12	18	24	30	36	42	48	54

Help the gopher find its way home. Multiply and then color the even number products. (Even numbers end in 2, 4, 6, 8, or 0.)

6 × 4	3 × 3	6 × 9	3 × 6	6 × 7
6 × 6	5 × 9	0 × 6	3 × 9	1 × 6
4 × 6	1 × 7	5 × 6	5 × 7	6 × 9
2 × 6	6 × 3	6 × 8	1 × 9	6 × 2

Complete the table.

x	0	1	2	3	4	5	6	7	8	9
6										

Fiddlesticks! It's Six!

Write a multiplication sentence for each array.

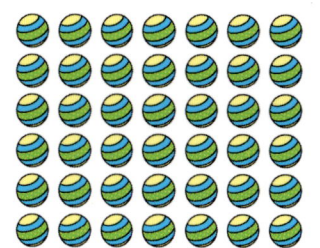

__6__ rows of _____

_____ x _____ = _____

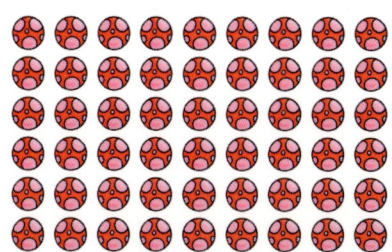

_____ rows of _____

_____ x _____ = _____

Practice the facts.

6 x 1 = _____

6 x 2 = _____

6 x 3 = _____

6 x 4 = _____

6 x 5 = _____

6 x 6 = _____

6 x 7 = _____

6 x 8 = _____

6 x 9 = _____

Count by sixes to check your answers.

Practice the facts.

5	6	1	7	6	9	6	8
x 6	x 4	x 6	x 6	x 8	x 6	x 3	x 6

© School Zone Publishing Company

Multiply by 6

Lucky Seven

You can use multiplication facts that you already know to learn new facts.

7 x 8 = ____

2 x 8 = 16
and
5 x 8 = 40
equals
7 x 8 = 56

---

7 x 5 = **2** x 5 = ____

and ____ x 5 = ____

So, 7 x 5 = ____

7 x 7 = **3** x 7 = ____

and ____ x 7 = ____

So, 7 x 7 = ____

7 x 9 = **4** x 9 = ____

and ____ x ____ = ____

So, 7 x 9 = ____

Practice the facts.

7 x 1 = ____

7 x 2 = ____

7 x 3 = ____

7 x 4 = ____

7 x 5 = ____

7 x 6 = ____

7 x 7 = ____

7 x 8 = ____

7 x 9 = ____

Count by sevens to check your answers.

Practice the facts.

```
  4        3        7
x 7      x 7      x 5

  1        7        7
x 7      x 2      x 6

  9        6        8
x 7      x 7      x 7

  0        7        2
x 7      x 8      x 7
```

Multiply by 7

The Richest Fish

Multiply.

7 x 4 = _____ **F**   7 x 9 = _____ **L**   7 x 2 = _____ **H**

7 x 6 = _____ **O**   7 x 3 = _____ **S**   7 x 5 = _____ **I**

7 x 0 = _____ **A**   7 x 8 = _____ **G**   7 x 7 = _____ **D**

Use your answers to decode the riddle below.
Write the letter for each answer on the correct blank.

What is the richest fish?

___ ___ ___ ___ ___ ___ ___ ___ ___
 0   56 42 63 49 28 35 21 14

Complete the table.

x	0	1	2	3	4	5	6	7	8	9
7										

Multiply by 7

Find the Facts

Multiply to find the product for each problem. Look across and down to find the problems and products in the number search.

4 x 3 = __12__

2 x 8 = _____

5 x 4 = _____

6 x 4 = _____

5 x 5 = _____

4 x 7 = _____

8 x 0 = _____

7 x 2 = _____

3 x 9 = _____

7 x 9 = _____

6 x 6 = _____

3 x 5 = _____

4	0	6	6	36	10	2	41
3	5	15	11	72	26	8	3
12	37	7	2	14	0	16	22
1	5	15	41	7	4	7	28
6	4	24	3	9	27	8	13
53	20	7	18	63	5	0	7
1	12	5	5	25	9	0	34

Multiply to complete each table.

Number of Frogs	Number of Legs
2	8
3	
4	
5	
6	
7	

Number of Flies	Number of Legs
2	12
3	
4	
5	
6	
7	

How do you know that a fly has 6 legs?

ALL insects have 6 legs!

© School Zone Publishing Company

Review multiplication facts 0 through 7

Products in a Pyramid

Multiply. Write the products in the puzzle.

Across

1. 7 x 5 = __35__
2. 4 x 4 = _____
3. 7 x 8 = _____
5. 3 x 8 = _____
6. 4 x 8 = _____
8. 6 x 8 = _____
9. 2 x 7 = _____
11. 8 x 4 = _____
12. 7 x 0 = _____

Down

1. 4 x 9 = _____
2. 2 x 7 = _____
4. 7 x 9 = _____
5. 4 x 7 = _____
7. 3 x 7 = _____
8. 7 x 6 = _____
10. 5 x 8 = _____

© School Zone Publishing Company

Review multiplication facts 0 through 7

Double the Fours

If you know the 4 facts, you can double those products to learn the 8 facts.
Use the facts you know.

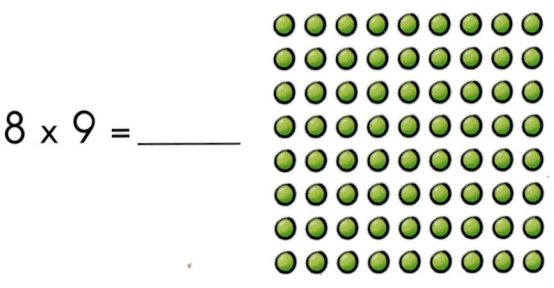

8 x 9 = ____

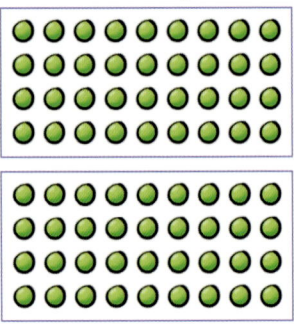

4 x 9 = 36
and
4 x 9 = 36
equals
8 x 9 = 72

Write a pair of 4 facts you know to help you find these products.

1. 8 x 6 = **4** x 6 = ____   2. 8 x 7 = **4** x 7 = ____   3. 8 x 8 = **4** x 8 = ____

   and ____ x 6 = ____   and ____ x 7 = ____   and ____ x ____ = ____

   So, 8 x 6 = ____   So, 8 x 7 = ____   So, 8 x 8 = ____

Practice the facts.

8 x 1 = ____

8 x 2 = ____

8 x 3 = ____

8 x 4 = ____

8 x 5 = ____

8 x 6 = ____

8 x 7 = ____

8 x 8 = ____

8 x 9 = ____

Count by eights to
check your answers.

© School Zone Publishing Company

Practice the facts.

| 3 | 5 | 8 |
| x 8 | x 8 | x 2 |

| 8 | 1 | 7 |
| x 7 | x 8 | x 8 |

| 9 | 6 | 8 |
| x 8 | x 8 | x 9 |

| 8 | 0 | 4 |
| x 6 | x 8 | x 8 |

Multiply by 8

Eight is Great

Multiply.

8 x 3 = _____ **E**   8 x 6 = _____ **L**   8 x 4 = _____ **P**

8 x 8 = _____ **B**   8 x 1 = _____ **A**   8 x 9 = _____ **Y**

8 x 5 = _____ **H**   8 x 7 = _____ **N**   8 x 2 = _____ **T**

Use your answers to decode the riddle below.
Write the letter for each answer on the correct blank.

What does an elephant have that no other animals have?

A ___ ___ ___ ___   ___ ___ ___ ___ ___ ___ ___ ___
    64 8 64 72   24 48 24 32 40 8 56 16

Complete the table.

x	0	1	2	3	4	5	6	7	8	9
8										

Multiply by 8

Nine is Fine

When you multiply 9 by a single digit, the sum of the digits of the product is 9.

2 x 9 = ?   2 x 9 = 18 ⟶ 1 + 8 = 9

5 x 9 = ?   5 x 9 = 45 ⟶ 4 + 5 = 9

Multiply. Add the digits of the product to check your answer.

9 x 4 = __36__ ⟶ __3__ + __6__ = __9__

9 x 7 = _____ ⟶ _____ + _____ = _____

9 x 3 = _____ ⟶ _____ + _____ = _____

9 x 8 = _____ ⟶ _____ + _____ = _____

9 x 5 = _____ ⟶ _____ + _____ = _____

9 x 6 = _____ ⟶ _____ + _____ = _____

9 x 9 = _____ ⟶ _____ + _____ = _____

Complete the table.

x	0	1	2	3	4	5	6	7	8	9
9										

Multiply by 9

Find Nines

Multiply.

3	5	7	1	8	0	6	2
×9	×9	×9	×9	×9	×9	×9	×9

4	9	9	9	9	9	9	9
×9	×6	×3	×0	×5	×7	×9	×8

Start at the arrow to find the carrot. Follow the path in the same order as your answers above.

Multiply by 9

Quick Count

Circle groups of 5. Then skip count.

__5__ , __10__ , _____ , _____ , _____

Circle groups of 4. Then skip count.

__4__ , _____ , _____ , __16__

Circle groups of 2. Then skip count.

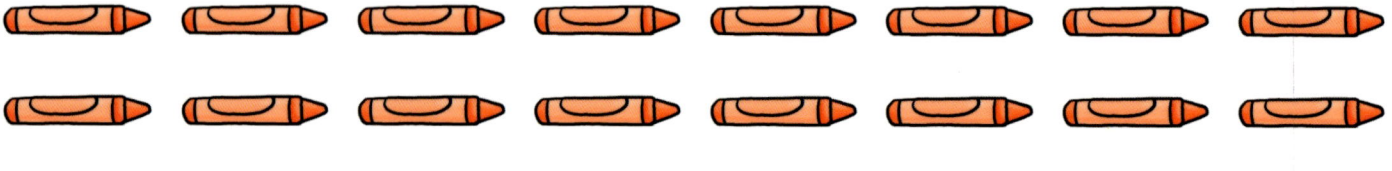

__2__ , _____ , _____ , _____ , __10__ , _____ , _____ , _____

Circle groups of 3. Then skip count.

__3__ , _____ , __12__ , _____

Fast Facts!

Time yourself. Can you do all of these in less than 2 minutes?

2 x 8 = _____	4 x 5 = _____	6 x 4 = _____	3 x 7 = _____
5 x 3 = _____	3 x 8 = _____	5 x 5 = _____	4 x 8 = _____
7 x 4 = _____	4 x 9 = _____	7 x 3 = _____	8 x 6 = _____
5 x 9 = _____	6 x 1 = _____	2 x 9 = _____	4 x 9 = _____
8 x 3 = _____	7 x 2 = _____	5 x 8 = _____	8 x 7 = _____
7 x 9 = _____	8 x 8 = _____	3 x 6 = _____	0 x 9 = _____
4 x 7 = _____	9 x 6 = _____	6 x 8 = _____	9 x 7 = _____
9 x 9 = _____	3 x 0 = _____	8 x 4 = _____	6 x 9 = _____
5 x 8 = _____	7 x 7 = _____	4 x 6 = _____	7 x 8 = _____
9 x 5 = _____	5 x 7 = _____	8 x 0 = _____	9 x 8 = _____
4 x 4 = _____	7 x 6 = _____	5 x 9 = _____	7 x 4 = _____
9 x 3 = _____	0 x 7 = _____	8 x 9 = _____	0 x 0 = _____

Then Tens!

Practice the facts. Practice the facts.

10 x 1 = _____   10 x 6 = _____

10 x 2 = _____   10 x 4 = _____

10 x 3 = _____   1 x 10 = _____

10 x 4 = _____   10 x 3 = _____

10 x 5 = _____   5 x 10 = _____

10 x 6 = _____   10 x 8 = _____

10 x 7 = _____   7 x 10 = _____

10 x 8 = _____   10 x 0 = _____

10 x 9 = _____   2 x 10 = _____

Count by tens to check your answers.   9 x 10 = _____

When you multiply a number times 10, the product ends with a _____.

Complete the table.

x	0	1	2	3	4	5	6	7	8	9
10										

Try These!

10 x 10 = _____   10 x 11 = _____   10 x 12 = _____

Double-Digit Time

To multiply 11 times a number from 1 through 9, remember this clue:
The product is a two-digit number that repeats the factor.

11 × 1	11 × 2	11 × 3	11 × 4	11 × 5	11 × 6	11 × 7	11 × 8	11 × 9
11	22	33	44	55	66	77	88	99

Look across and down to find the problems and products in the number search.

11 × 3 = **33**   11 × 7 = ____

11 × 9 = ____   11 × 4 = ____

11 × 2 = ____   11 × 8 = ____

11 × 5 = ____   11 × 1 = ____

11 × 0 = ____   11 × 6 = ____

11	17	1	28	11	7	77
5	11	4	44	16	48	11
55	32	63	11	0	0	3
0	11	8	88	11	38	33
24	9	56	71	1	15	41
65	99	36	23	11	2	22
18	11	6	66	43	0	17

Complete the table.

×	0	1	2	3	4	5	6	7	8	9
11										

Delve into Twelves

You can use multiplication facts to describe groups.

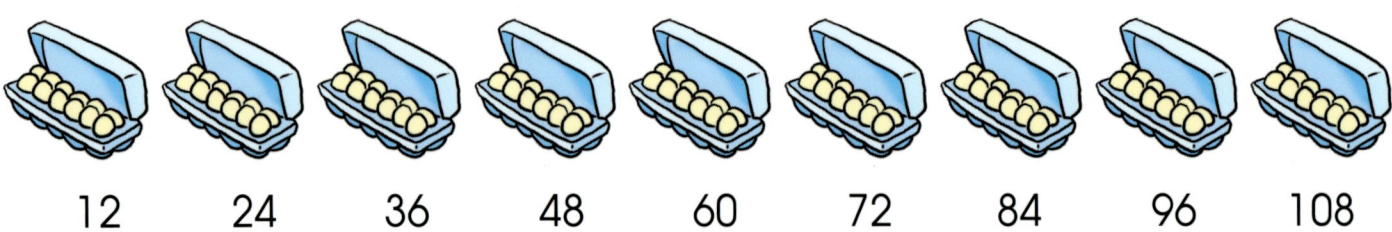

12 × 1   12 × 2   12 × 3   12 × 4   12 × 5   12 × 6   12 × 7   12 × 8   12 × 9

12   24   36   48   60   72   84   96   108

Multiply.

12 × 2 = _____ N   12 × 5 = _____ O   12 × 4 = _____ A

12 × 8 = _____ I   12 × 1 = _____ C   12 × 7 = _____ E

12 × 6 = _____ U   12 × 9 = _____ R   12 × 3 = _____ P

Use your answers to decode the riddle below.
Write the letter for each answer on the correct blank.

What pine has the sharpest needles?

___ ___ ___ ___ ___ ___ ___ ___ ___ ___
48   36   60   108   12   72   36   96   24   84

Complete the table.

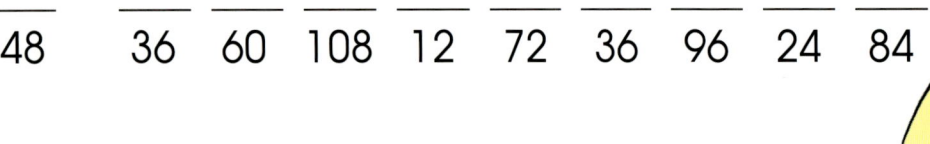

×	0	1	2	3	4	5	6	7	8	9
12										

Multiply by 12

Check Your Answers!

Use this chart for checking answers.

X	0	1	2	3	4	5	6	7	8	9	10	11	12
0	0	0	0	0	0	0	0	0	0	0	0	0	0
1	0	1	2	3	4	5	6	7	8	9	10	11	12
2	0	2	4	6	8	10	12	14	16	18	20	22	24
3	0	3	6	9	12	15	18	21	24	27	30	33	36
4	0	4	8	12	16	20	24	28	32	36	40	44	48
5	0	5	10	15	20	25	30	35	40	45	50	55	60
6	0	6	12	18	24	30	36	42	48	54	60	66	72
7	0	7	14	21	28	35	42	49	56	63	70	77	84
8	0	8	16	24	32	40	48	56	64	72	80	88	96
9	0	9	18	27	36	45	54	63	72	81	90	99	108
10	0	10	20	30	40	50	60	70	80	90	100	110	120
11	0	11	22	33	44	55	66	77	88	99	110	121	132
12	0	12	24	36	48	60	72	84	96	108	120	132	144

Who Am I?

Read each riddle. Write the answer.

I am 9 x 8 and 6 x 12.

Who am I? _____

I am 10 x 4 and 5 x 8.

Who am I? _____

If you add 3 of me, you get the same answer as 6 x 5.

Who am I? _____

If you multiply me by 7 and then add 7 to the product, you get 6 x 7.

Who am I? _____

If you multiply me by 2 and then add 1 to the product, you get 9.

Who am I? _____

I am 3 x 8 and 4 x 6 and 2 x 12.

Who am I? _____

If you add 4 of me, you get 20.

Who am I? _____

If you multiply me by 5, you get 6 x 10.

Who am I? _____

If you multiply me by 9 and then add 7 to the product, you get 5 x 5.

Who am I? _____

If you add 5 of me and then add 5 more of me, you get 120.

Who am I? _____

© School Zone Publishing Company

Review multiplication facts 0-12